DOMINIO SOBRE LAS ENFERMEDADES Y LAS DOLENCIAS

DOMINIO SOBRE LAS ENFERMEDADES Y LAS DOLENCIAS

JONATHAN SHUTTLESWORTH

Sin limitar los derechos del autor(s) según están reservados abajo, ninguna parte de esta publicación puede ser reproducida, almacenada, o introducida en un aparato de recuperacion de datos o transmitida en ninguna forma, o de ninguna manera, (electrónica, mecánica, fotocopiada, grabada, o de manera distinta) sin la previa autorización de la editorial y el propietario de derechos.

El escanear, subir y distribución de este libro por la internet o por cualquier otra manera sin la autorización de la editorial y propietario de derechos es ilegal y castigado por la ley. Por favor solo compre ediciones autorizadas, y no promueva o participe en la piratería de materiales de derechos de un autor. Su apoyo por los derechos de autor es apreciado.

A menos que se exponga de otro modo todas las referencias de la escritura son de la Biblia versión Nueva Traduccion Viviente Holy Bible © Tyndale House Foundation, 2010. Usado con permiso de Tyndale House Publishers, Inc., Carol Stream, IL 60188, Estados Unidos de América. Reservados todos los derechos.

Todos los derechos están reservados bajo de internacional y pan-americana derechos de convenciones.

Derechos © 2020 de: Revival Today

Revival Today
P.O. Box 254
Oakdale, PA 15071
Número de teléfono: 412-787-2578
www.revivaltoday.com

Diseño del libro por eBook Prep
Cubierta diseñada por Justin Stewart

September 2022
ISBN: 978-1-64457-299-3

Rise UP Publications
644 Shrewsbury Commons Ave
STE 249
Shrewsbury, PA 17361
www.riseUPpublications.com
Número de teléfono: 866-846-5123

ÍNDICE

UNA INTRODUCCIÓN MUY IMPORTANTE	1
LAS CUATRO CATEGORIAS DE LAS ENFERMEDADES Y LAS DOLENCIAS	5
CARNE Y ESTRUCTURA FÍSICA	7
SISTEMA NERVIOSO	8
TRASTORNOS DE LA SANGRE	8
ESPÍRITUS DEMONÍACOS	8
LOS TRECE PILARES DE LA SANIDAD DIVINA	11
1: LA ENFERMEDAD ES DEL DIABLO	11
2: LA ENFERMEDAD ES UNA MALDICIÓN, NO UNA BENDICIÓN	14
3: TENEMOS LA BENDICIÓN DE ABRAHAM	16
4 DIOS PROMETE A SUS SIERVOS PROTECCIÓN CONTRA LAS ENFERMEDADES Y LA DOLENCIAS	18
5: LA FE TRANSPORTA LA CAPACIDAD DE VENCER LAS ENFERMEDADES Y LAS DOLENCIAS	21
6. LA UNCIÓN INCAPACITA LAS ENFERMEDADES, LAS DOLENCIAS Y LOS ESPÍRITUS DEMONÍACOS	24
7: LA SANGRE DE JESÚS TIENE PODER	26
8: ENTENDER EL PODER DE LA PALABRA DE DIOS	29
9: ENTENDER EL PODER EN EL NOMBRE DE JESÚS	30
10: EL PACTO DE DIOS INCLUYE LA FUERZA SOBRENATURAL EN LA VEJEZ	32
11: COMPRENDER EL MISTERIO DE UNA NACIÓN SALUDABLE	34

12: ENTENDER EL ÁRBOL SANO QUE ES JESÚS	35
13: COMPRENDER EL MISTERIO DE LA SERPIENTE EN EL DESIERTO	36
SEIS RAZONES BÍBLICAS POR LAS QUE SE PUEDE SANAR INMEDIATAMENTE	39
1: ENTENDER INMEDIATAMENTE	39
2: JESÚS SIENTE LO QUE TÚ SIENTES	40
3: EL TIENE COMPASIÓN	40
4: La Sanidad Es El Pan De Los Niños	42
5: LA ENFERMEDAD ES LA OPRESIÓN DEL DIABLO	43
6: DIOS QUIERE QUE ACTUEMOS Y PENSEMOS COMO ÉL	44
Acerca De Jonathan Shuttlesworth	47

UNA INTRODUCCIÓN MUY IMPORTANTE

En mi tiempo viajando por este planeta como Ministro del Evangelio de Jesucristo, dos cosas se han destacado más que cualquier otra cosa.

> Las historias angustiosas de hombres y mujeres victimizados por el Diablo. Una historia horrible tras otra; personas creadas a la imagen de Dios que quedaron indefensas por el poder de Satanas.

> La supremacía del poder de Cristo para destruir toda la obra del diablo, haciendo que sus ataques sean impotentes. Una y otra vez, aquellos sin esperanza, incluso abandonados para morir, tienen su historia gloriosamente reescrita por Jesús.

Una de las formas favoritas de Satanás de victimizar a la humanidad es a través de la enfermedad y la dolencia. Con todos los avances de la medicina moderna, ¡muchos están tan indefensos como lo habrían estado hace 2.000 años atrás! Su única esperanza es Jesús. Sin embargo, al igual que hace

2.000 años, los líderes religiosos han sembrado la duda en sus corazones, afirmando que Dios ya no hace los milagros de la Biblia. ¡Qué tontería!

¡Dios nunca cambia! Jesucristo es el mismo, ayer, hoy y siempre! Ademas, la comisión de Cristo a aquellos en el ministerio nunca a cambiado. Dónde quería que vayan a predicar sanen a los enfermos.

Este libro es una potente exploración de la naturaleza de Dios y su magnánimo poder sanador. Quizas ha sido victimizado en tu salud? He escrito esto para ti. Este libro no contiene simplemente informacion. Contiene la revelación de Cristo Resucitado y ha traido transformacion completa y ayuda inmediatamente a los que han sufrido durante miles de años.

He dividido este libro en tres secciones. El dominio de Cristo sobre las cuatro categorias de enfermedad y dolencias; trece pilares de sanida divina y seis razones por las que puedes esperar que Dios te sane de inmediato.

Incluso si estas leyendo esto en una cama de hospicio, creo que Dios te levantara. Cualquier cosa dañada en tu cuerpo puede curarse y cualquier cosa demasiado dañada para curarse puede reemplazarse.

Muchos grandes evangelistas de sanidad se entregaron para morir. Cuando recivieron su sanidad, tenian una confianza inquebrantable en el poder de Dios para sanar a otros. Creo que te uniras a sus filas! En verdad, lo que el Diablo encamino por mal, Dios lo tornara en bien. Satanas lamentara el dia en que no te mato cuando tuvo la oportunidad.

Dios creo el mundo entero en seis dias; No necesitara mas de una hora para resolver tus problemas. No hay nada que el Diablo te haya hecho por lo que Dios no pueda hacer algo hoy.

Le ama siempre,
Jonathan

LAS CUATRO CATEGORIAS DE LAS ENFERMEDADES Y LAS DOLENCIAS

En nuestra familia, llamamos al octavo capítulo de Mateo, el capítulo de sanidad del Nuevo Testamento. En los primeros diecisiete versos, Jesús toma el dominio sobre toda enfermedad y todas las dolencias.

Todas las enfermedades y todas las dolencias se pueden dividir en cuatro categorías, y Jesús domina todas las cuatro —dominio que también le dio a Su Iglesia, que es Su cuerpo.

> *Grandes multitudes siguieron a Jesús mientras bajaba por la ladera de la montaña. De repente, un hombre con lepra se le acercó y se arrodilló ante él. Señor, el hombre dijo, sé que si quieres, puedes sanarme y limpiarme. Jesús extendió su mano y tocó al hombre. "Estoy dispuesto", dijo. "¡Sé limpio!" Inmediatamente fue limpiado de su lepra.*
>
> *— MATEO 8:1-3*

Antes de que Jesús sanara al leproso. Lo corrigió porque Jesús no tenía favoritos. La Biblia dice en Hechos 10:34 que Dios no hace acepción de personas. Asi, cuando Jesús respondió a la pregunta de este hombre, Él respondió a todos los que se preguntarían, ¿es la voluntad de Dios sanarme?

"Señor", dijo el hombre, "Sé que si quieres, puedes sanarme y limpiarme".

Esto es lo que hace tropezar a tanta gente. Saben que Dios puede sanar, pero no están seguros si el lo hará por ellos. Pero cuando Jesús respondió a este hombre, Él también le respondió a usted.

"Estoy dispuesto", dijo Jesús.

Y quiero que sepas que si necesitas sanidad o deseas sanidades, nunca tienes que preguntarte cómo se siente Jesús al respecto. Él quiere.

"Estoy dispuesto", el dijo, "sé limpio", e instantáneamente la lepra desapareció. Entonces Jesús le dijo a el: Mira que no se lo digas a nadie. Pero vete, muéstrate al sacerdote y ofrece el don que Moisés ordenó, como testimonio a ellos".

Cuando Jesús regresó a Capernaum, un oficial romano vino y le suplicó: "Señor, mi siervo esta postrado en la cama paralizado y con un dolor terrible."

Jesús dijo: "Vendré y lo sanaré".

Pero el oficial dijo: "No soy digno de que vengas a mi casa. Solo di la palabra desde donde estás y mi siervo será sanado. Lo sé porque estoy bajo la autoridad de mis oficiales superiores, y tengo autoridad sobre mis soldados. Solo necesito decir: 'Vete', y ellos van, o 'vengan', y ellos vienen. Y si les digo a mis esclavos. "Haz esto", lo hacen".

Cuando Jesús escuchó esto, se sorprendió. Dirigiéndose aquellos que lo seguían, dijo: "Les digo la verdad, no he visto una fe como esta en todo Israel! Y les digo esto, que muchos gentiles vendrán de todas partes del mundo—del este y del oeste, y se sentarán con Abraham, Isaac y Jacob en la fiesta en el Reino de los Cielos. Pero muchos israelitas—aquellos para quienes el Reino fue preparado—serán arrojados a la oscuridad exterior, donde habrá llanto y crujir de dientes."

Entonces Jesús le dijo al oficial romano: "Vuelve a casa. Porque creíste, ha sucedido". Y el joven siervo fue sanado esa misma hora.

Cuando Jesús llegó a la casa de Pedro, la suegra de Pedro estaba enferma en la cama con fiebre alta. Pero cuando Jesús tocó su mano, la fiebre se desapareció. Luego se levantó y le preparó una comida a el.

Esa noche muchas personas poseídas por demonios fueron llevadas a Jesús. Expulsó a los espíritus malignos con un simple mandamiento, y sanó a todos los enfermos. Esto cumplió la palabra del Señor a través del profeta Isaías, quien dijo: "Él tomó (no tomará, no está tomando, el tomó) nuestras enfermedades y las eliminó (no es quitar, no eliminará, él eliminará) nuestras enfermedades".

Jesús tomó nuestras enfermedades y quitó nuestros dolencias.

Hay cuatro categorías en las enfermedades y dolencias, y Jesús dominó las cuatro.

CARNE Y ESTRUCTURA FÍSICA

La lepra descompone la piel, descompone las articulaciones, descompone las rodillas, descompone los discos y huesos.

Cualquier cosa que ataque la composición estructural del cuerpo, la carne y la piel, Jesús la sanó.

SISTEMA NERVIOSO

"Mi sirviente esta en la cama paralizado y con un dolor terrible"—enfermedades que atacan el sistema nervioso del cuerpo, enfermedades de Parkinson, esclerosis múltiple, fibromialgia. Jesús pronunció la palabra y la enfermedad lo abandono.

TRASTORNOS DE LA SANGRE

La suegra de Pedro estaba enferma en la cama con fiebre alta y Jesús tocó su mano. Otra traducción dice que le habló a la fiebre. Las fiebres residen en la sangre. VIH, hepatitis A, B y C, anemia de células falciformes, cualquier enfermedad que esté en la sangre, Jesús habló y fue sanada.

ESPÍRITUS DEMONÍACOS

Esa tarde ellos le trajeron a Jesús a muchos que estaban enfermos y que estaban poseídos por demonios.

Aproximadamente una de cada tres personas a quienes Jesús sanó, un demonio tuvo que ser tratado. Espíritu de enfermedad (Lucas 13:11), Espíritu que hace a este niño sordo y mudo (Marcos 9:25). Hay una categoría de demonios que trabajan para afligir cuerpos.

Es por eso que todavía hay personas hoy en día, incluso con todos los avances en la ciencia médica, que van al médico y escuchan "no tenemos ni idea de por qué está sucediendo esto, no sabemos cómo tratarlo, nunca antes habíamos visto que esto sucediera". Es porque esos demonios con los que Jesús trató en ese entonces nunca murieron. Y todavía buscan afligir a la gente hoy en día. Pero gracias al mismo poder que Cristo usó para destruir el control sobre el cuerpo humano ha sido dado al creyente hoy.

Cualquier enfermedad o dolencia contra la que estés luchando, o hubieses luchado, o hubieses llegado a estar en contacto cuando ministrasté a los enfermos, caerá en una de esas cuatro categorías. Jesús se hizo cargo de las cuatro, fácilmente, y le dio a Su Iglesia el mismo dominio.

LOS TRECE PILARES DE LA SANIDAD DIVINA

Cada uno de estos trece pilares de la Palabra de Dios pueden estar parados solos y puedes poner tu fe en cualquiera de ellos para recibir la sanida divina.

Pero conociendo y entendiendo todas las trece hará que tu fe sea inquebrantable porque no estás basando la sanida divina en un solo versículo. Sonará ridículo para cualquiera cuestionar la sanida divina después de ver esto en la palabra de Dios.

1: LA ENFERMEDAD ES DEL DIABLO

La enfermedad no es parte de la vida o la vejez. Eso es lo primero que tienes que sacudir porque el mundo te entrena, y en la iglesia te enseñan, que la enfermedad y la dolencia son parte de la vida.

Tu escuchas: "Bueno, sabes que voy a cumplir cincuenta años, y la vista es lo primero que se va. Cuando entra el invierno, siempre me enfermo. Cuando es primavera, mis alergias se agravan."

Cuando ves la enfermedad y la dolencia como parte de la vida, siempre la tendrás.

Cuando ves la enfermedad y la dolencia como algo que viene del diablo, una fuerza surgirá en tu espíritu para atacarlo y echarlo fuera de tu vida, y también de la vida de otras personas.

¿Cómo sabes que la enfermedad y la dolencia son del diablo? Aquí hay tres pasajes de las Escrituras que identifican claramente al autor de la enfermedad y la dolencia.

> *"Entonces Satanás salió de la presencia de Dios y golpeó a Job con forúnculos."*
>
> —JOB 2:7

A muchas personas les gusta interpretar el libro de Job como el libro donde Dios dejó de bendecir a las personas y comenzó a maldecir a las personas, en cambio.

Entonces hay personas que te dirán que Dios enfermó a Job. Dios no fue el autor de la enfermedad de Job. De hecho, en el último capítulo de Job, Dios restauró doblemente a Job todo lo que perdió.

Job 2:7 dice claramente: "Entonces Satanás salió de la presencia de Dios y golpeó a Job con forúnculos."

Satanás fue el autor de la enfermedad y dolencia de Job.

> *Un día de reposo, mientras Jesús enseñaba en una sinagoga, vio a una mujer que había sido lisiada por un espíritu maligno. Ella estaba doblada durante dieciocho años y no podía mantenerse*

enderezada. Cuando Jesús la vio, la llamó y le dijo: "¡Querida mujer, estás sanada de tu enfermedad!" Entonces él la tocó,, e instantáneamente ella pudo mantenerse enderezada. ¡Cómo alabó a Dios!"

— LUCAS 13:10-13

Note que Dios no recibió la gloria cuando ella estaba enferma, como algunas personas enseñan. Dios recibió gloria cuando fue sanada.

"Pero el líder a cargo de la sinagoga estaba indignado de que Jesús la hubiera sanado en el día de reposo. " Hay seis días de la semana para trabajar", dijo a la multitud. Vengan en esos días para ser sanados, no en el día de reposo."

Pero el Señor respondió, "Hipócritas! Cada uno de ustedes trabaja en el día de reposo! ¿No desatas tu buey o tu burro de su puesto en el día de reposo y lo llevas al agua? Esta querida mujer, hija de Abraham, ha sido mantenida en esclavitud por Satanás durante dieciocho años." (Lucas 13:14-15)

Jesús identificó claramente a Satanás como el autor de la enfermedad de esa mujer. Un espíritu maligno la había lisiado directamente, y Satanás indirectamente. Satanás fue el autor de su problema.

"Y ustedes saben que Dios ungió a Jesús de Nazaret con el Espíritu Santo y con poder. Que Jesús anduvo haciendo el bien y sanando a todos los que estaban oprimidos por el diablo, porque Dios estaba con él."

— HECHOS 10:38

Nunca dejes que nadie te engañe. Dios no es el autor de lo 'malo'. Dios es el autor del 'bien'.

Jesús dijo: 'El ladrón viene a robar, matar y destruir, pero yo he venido para que tengas vida y la tengas más abundantemente'. (Juan 10:10)

Satanás roba. Satanás mata. Satanás destruye. Jesús trae vida.

Jesús se dedicó a hacer el bien y sanar a todos. ¿Cuántos quiere sanar Dios? A todos los oprimidos por el diablo. El diablo es el opresor.

Como dice el pastor Nigeriano Lorista Jaafar: "Dios es un Dios bueno y el diablo es un diablo malo".

Activa tu fe para la sanidad divina estableciendo que las enfermedades son del diablo. La enfermedad no es una parte inevitable de la vida y no es una parte esperada de la vejez.

No hay registro de que los dicípulos estuvieran enfermos en su gira con Jesús. No hay registro de que Jesús tuviera que cancelar su viaje a Caparnaúm porque sus alergias estaban ardiendo.

La enfermedad es del diablo. No es una parte de la vida o una parte de la vejez.

2: LA ENFERMEDAD ES UNA MALDICIÓN, NO UNA BENDICIÓN

Cristo nos ha redimido de toda la maldición de la ley.

— GALATAS 3:13

La enfermedad es una maldición, no una bendición.

En Deuteronomio 28:15-68 se esboza la maldición de la ley. Si lees ese pasaje y subrayas que todo lo que Dios dijo es una maldición, encontrarás enfermedad y dolencia a través de él. Ceguera, tumores, escorbuto, fiebre, tizón y moho—que habla de un virus y una bacteria.

Luego, en el versículo 61, continúa diciendo: "y toda enfermedad y plaga que hay, incluso las que no se mencionan en este libro de la ley..."

Por lo tanto, la Biblia establece claramente que toda enfermedad y dolencia, incluso aquellas que no se mencionan específicamente en la maldición de la ley, es una maldición y específicamente parte de la maldición de la ley.

Pero hemos sido redimidos.

Gálatas 3:13 dice: "Cristo nos ha redimido de la maldición de la ley, siendo hecho una maldición para nosotros: porque está escrito, Maldito es todo el que cuelga de un árbol".

A muchas personas sólo se les ha enseñado una parte de lo que Cristo hizo. Ellos saben que Jesús murió para que nuestros pecados puedan ser perdonados. Lo cual es cierto. Y si esa es la única razón por la que Murió, eso solo sería genial.

Pero esa no es la única razón por la que Jesús murió. La Biblia dice que Él murió para redimirnos de la maldición de la ley y la enfermedad y la dolencia, incluyendo toda la enfermedad y dolencia que hay, incluso aquellas que no se mencionan específicamente en la Biblia.

Mateo 8:17 dice: "Él tomó nuestras enfermedades y soportó nuestras dolencias." Toda enfermedad y dolencia que estaba destinada a ser puesta sobre mí, fue puesta sobre Cristo. Toda enfermedad y dolencia destinada a ser puesta sobre ti fue puesta sobre Cristo. Es ilegal que el diablo ponga sobre ti lo que Jesús ya ha tomado en tu lugar. No tiene que duplicar el pago de comestibles. No tienes que comprar un coche por partida doble; solo tiene que pagarse una vez, sin importar quién lo pagó.

Jesús pagó la pena para que camines libre de toda enfermedad y de todas las dolencias. ¡Vélo de esa manera!

No digas "¡Oh Señor, por favor sáname!" No. Hace dos mil años, Jesús TOMÓ toda tu enfermedad. Él tomó toda tu dolencia. El diablo no puede ponértelo encima porque ya ha sido puesto sobre Jesús Cristo.

Por lo tanto, estás sanado.

Es por eso que, al escuchar la verdad bíblica de la curación divina, las personas simplemente se levantaban de sus sillas de ruedas. Ellos entendieron que Jesús lo tomó, y no tienen que soportarlo más.

Entonces, si hay alguna enfermedad o dolencia en tu cuerpo, recibe su sanida ahora mismo en el nombre de Jesús. Cristo ya cumplió todo lo que hay que hacer.

El precio ya hacido pagado. La sanidad es tuya.

3: TENEMOS LA BENDICIÓN DE ABRAHAM

Para que la bendición de Abraham viniera sobre los gentiles por medio de Jesucristo; para que podamos recibir la promesa del Espíritu por medio de la fe.

— GALATAS 3:14

Tú y yo no sólo hemos roto la maldición de nuestras vidas, sino que también hemos recibido la bendición de Abraham.

Gálatas 3:14 dice que Él nos redimió para que la bendición dada a Abraham pudiera llegar a los gentiles por medio de Cristo Jesús.

¿Cómo fue bendecido Abraham? ¿Cómo fue bendecido Isaac? ¿Cómo fue bendecido Jacob? Todos nuestros antepasados del pacto dispararon su cumpleaños número 120. No sólo estaban libres de enfermedades y dolencias; eran inusualmente sanos.

En su vejez, Abraham llevó a los hombres a la batalla. Se convirtió en padre a los cien años, lo que significa que estaba criando a un niño de 15 años a los ciento quince años. La mayoría de las personas en sus veinte años no pueden criar a un niño de cinco años. Abraham estaba criando a un niño de cinco años. Antes de tener un hijo, solía pensar en lo increíble que era que Abraham se convirtiera en padre a los cien años. Ahora que soy padre, creo que el milagro más grande es criar a un hijo en tus cien años Abraham lo hizo por la bendición de Dios.

Cuando Moisés tenía 120 años, Deuteronomio 34:7 nos dice sus ojos no estaban oscuros y su fuerza no disminuyó. Esta es la herencia de todos los que sirvieron al Señor.

Caleb, uno de los 12 espías que alcanzaron la Tierra Prometida, le dijo a Josué: "Tenía cuarenta años cuando Moisés, el siervo del Señor, me envió desde Kadesh-Barnea para explorar la tierra de Canaán. Regresé y di un informe honesto.... Así que ese día Moisés me prometió solemnemente: 'La tierra de Canaán sobre la que acabas de caminar será tu concesión de tierra y la de tus descendientes para siempre, porque seguiste de todo corazón al Señor mi Dios'.

"Ahora, como pueden ver, el Señor me ha mantenido vivo y bien como lo prometió durante todos estos cuarenta y cinco años desde que Moisés hizo la promesa--- incluso mientras Israel vagaba por el desierto. Hoy tengo ochenta y cinco años. Ahora soy tan fuerte como lo era cuando Moisés me envió en el viaje, y todavía puedo viajar y luchar tan bien como pude entonces. Así que dame la región montañosa que el Señor me prometió." (Josué 19:7, 9-12)

A los 85 años de edad, Caleb, por la bendición de Dios, se estaba preparando para tomar el terreno más grande que jamás había tomado.

Esta bendición de Abraham—vitalidad física y salud sobrenatural incluso en la vejez—ha sido dada a todos los creyentes.

4 DIOS PROMETE A SUS SIERVOS PROTECCIÓN CONTRA LAS ENFERMEDADES Y LA DOLENCIAS

> *"Entonces Moisés llevó al pueblo de Israel lejos del Mar Rojo, y se mudaron al desierto de Shur. Viajaron en este desierto durante tres días sin encontrar agua: cuando llegaron a las masas de Marah, el agua era demasiado amarga para beber. Así que llamaron al lugar Marah (que significa ("amargo").*
> *"Entonces el pueblo se quejó y se volvió contra Moisés. "¿Qué vamos a beber?", exigieron. A sí que Moisés clamó al señor pidiendo ayuda, y el Señor le mostró un pedazo de madera. Moisés lo*

> *arrojó al agua, y esto hizo que el agua fuera buena para beber.*
>
> *"Fue allí, en Marah, donde el Señor puso ante ellos el siguiente decreto como norma para poner a prueba su fidelidad a el. Él dijo: "Si escuchas atentamente la voz del Dios y haces lo que está justo en sus ojos, obedeciendo sus mandamientos y guardando todos sus decretos, entonces no te haré sufrir ninguna de las enfermedades que envié a los egipcios; porque yo soy el Señor que os sana."*
>
> — EXODUS 15:22-26

La versión King James traduce el último versículo de esta manera: "Si escuchas diligentemente la voz del Señor tu Dios, y haces lo que está justo a sus ojos, y das oído a sus mandamientos, y guardas todo su estatus, no pondré ninguna de estas enfermedades sobre ti, que he traído sobre los egipcios: porque yo soy el Señor que te sana."

Éxodo 23:25-26 expone aún más la promesa. Y vosotros al Señor vuestro Dios, y él bendecirá vuestro pan y vuestra agua; y quitaré la enfermedad de entre vosotros. Nada echará a sus crías, ni será estéril, en tu tierra: el número de tus días lo cumpliré."

Dios no sólo prometió sanidad y vitalidad física. Dios promete protección contra toda enfermedad y dolencia para aquellos que le sirven diligentemente.

¿Escuchaste eso? Dios no dijo: "Te sanaré cuando te enfermes". Él dijo: "Si me sirves, eliminaré la enfermedad y la dolencia de entre ti. Bendeciré tu pan y agua. Cualquier cosa que traiga enfermedad y dolencia, la tocaré y la bendeciré y no permitiré que venga en tu dirección."

Así que no es "¿cuántos de ustedes saben que Dios los sanará cuando se enfermen?

No es "cuántos de ustedes saben que a veces Dios permite la enfermedad porque nunca pueden conocerlo como sanador hasta que se enfermen." ¡Qué estupidez!

Dios dijo, si me sirves, no permitiré que ninguna enfermedad o dolencia entre en medio de ti. Seré un campo de fuerza sobrenatural a tu alrededor y no permitiré que ninguna enfermedad o dolencia se acerque a ti, porque yo soy el señor tu Dios que te sana.

Éxodo 15 proporciona la ilustración. Los israelitas estaban vagando por el desierto y se encontraron con agua que estaba llena de bacterias, o virus, algo que hacía que el agua fuera tan amarga cuando la bebían, a pesar de que tenian sed, la escupían.

Dios le mostró a Moisés un pedazo de madera. DLMoody afirmó que la madera era un presagio de la cruz porque no se limpia el agua amarga arrojando un palo en ella. Moisés tomó la madera por instrucción profética, la arrojó al agua, y todo lo que hizo que el agua amargara para beber se limpió.

Pero Dios no sólo limpió el agua para que los israelitas pudieran beber. Él dijo, ahora deja que esto sea una objeta lección. Si me sirves (y espero que hayas tomado la decisión de servir al Señor) de la misma manera que yo limpié toda esa basura del agua, limpiaré todos los virus, todas las bacterias, todas las enfermedades y dolencias de entre ti, porque yo soy el Señor tu Dios que te sana.

DOMINIO SOBRE LAS ENFERMEDADES Y LAS DOLENCIAS

Dios promete protección contra la enfermedad y la dolencia para el creyente que lo busca diligentemente.

5: LA FE TRANSPORTA LA CAPACIDAD DE VENCER LAS ENFERMEDADES Y LAS DOLENCIAS

> *"...la gente lo siguió, amontonándose a su alrededor (Jesús). Una mujer en la multitud había sufrido durante doce años sangrado constantemente. Había sufrido mucho de muchos médicos, y a lo largo de los años había gastado todo lo que tenía para pagarles, pero no había mejorado. De hecho, había empeorado. Ella había oído hablar de Jesús, así que se acercó detrás de él a través de la multitud tocó su túnica. Porque ella pensó para sí misma: "Si puedo tocar su túnica, seré sanada". Inmediatamente el sangrado se detuvo, y ella había sido sanada de su terrible condición.*
>
> *Jesús se dio cuenta de inmediato de que el poder sanador había salido de él, así que se dio la vuelta entre la multitud y preguntó: "¿Quién tocó mi túnica?"*
>
> *Sus discípulos le dijeron: "Mira a esta multitud que presiona a tu alrededor. ¿Cómo puedes preguntar, ¿Quién me tocó?"*
>
> *Pero siguió mirando a su alrededor para ver quién lo había hecho. Entonces la mujer asustada, temblando al darse cuenta de lo que le había sucedido; vino y cayó de rodillas frente a el y le contó lo que había hecho. Y él le dijo: "Hija, tu fe te ha hecho bien..."*
>
> — MARCOS 5:24-34

La fe en Dios llama al poder De Dios y transporta la capacidad de eliminar toda enfermedad y dolencia para hacerte sentir bien.

Romanos 4:16 de la Biblia Amplificada dice: "Por lo tanto, heredar la promesa depende completamente de la fe [es decir, la confianza confiada en el Dios invisible], para que pueda ser dada como un acto de gracia [Su inmerecido favor y misericordia], para que la promesa sea legalmente garantizada a todos los descendientes de Abraham—no solo para aquellos que guardan la ley [creyentes judíos], pero también para aquellos [creyentes gentiles] que comparten la fe de Abraham, que es el padre espiritual de todos nosotros".

Luego, comenzando en el versículo 18, se nos da la lección objetiva de esa fe en acción. "En la esperanza contra la esperanza, Abraham creyó que se convertiría en un padre de muchas naciones, como Dios le había prometido: Así serán innumerables tus descendientes."

Sin debilitarse en la fe, él [Abraham] consideraba su propio cuerpo, como si estuviera muerto para producir hijos puesto que era cómo de cien años de edad, y consideraba el vientre de Sara muerto.

Pero no dudó ni tambalió en la incredulidad con respecto a la promesa de Dios, sino que se hizo fuerte y empoderado por la fe dando gloria a Dios, estando plenamente convencido de que Dios tenía el poder de hacer lo que había prometido. Por lo tanto, su fe le fue acreditada como rectitud (estando bien parado con Dios)."

Ahora, si un hombre de cien años de edad quisiera concebir un bebé en esta época la comunidad médica diría: "mala suerte. Hubieras venido a la clínica hace 40 años. Entonces tal vez hubiéramos podido ayudarte."

Pero Abraham. a pesar de que él y su esposa Sara estaban mucho más allá de la edad de tener un bebé, creyeron en las cosas que Dios les habló, y Dios lo contó como justicia. Como resultado, el cuerpo de Abraham se hizo fuerte y fue empoderado por la fe.

Muchas denominaciones enseñan que el poder (incluyendo el poder de sanar) que llenó a los creyentes en el libro de los hechos murió con el último apóstol.

Incluso si eso fuera cierto, y no es cierto, pero incluso si fuera cierto que el Espíritu Santo ya no sana a través de los creyentes, Jesús no le dijo a la mujer sanada del flujo de sangre: "hija, anímate, el Espíritu Santo te ha hecho bien". Jesús dijo: "Hija, anímate, tu fe te ha salvado, ve en paz."

Di esto en voz alta: **Mi fe me ha salvado.**

Aunque aquellos que dicen "ya no creemos que el Espíritu Santo haga eso. Creemos que la obra del Espíritu Santo se ha extinguido" tienen razón—y no tienen razón ¿se ha muerto la fe? Si es así, todos vamos a ir al infierno porque la Biblia dice que es por gracia que eres salvo a través de la fe. (Efesios 2:8) Nadie en su sano juicio que tenga una educación de escuela dominical de primer grado enseña que la fe se ha muerto.

Si el diablo puede hacer que consideres tu propio cuerpo, nunca recibirás sanidad; nunca vayas por cómo te sientes. Tienes que mantener la palabra de Dios. Caminamos por fe y no por vista (2 Corintios 5:7).

La fe, por sí sola, transporta la capacidad de sacar el poder de Dios para ganar tu cuerpo.

6. LA UNCIÓN INCAPACITA LAS ENFERMEDADES, LAS DOLENCIAS Y LOS ESPÍRITUS DEMONÍACOS

"Después de que los filisteos capturaron el Arca de Dios, la llevaron del campo de batalla en Ebenezer a la ciudad de Ashdod. Llevaron el Arca de Dios al templo de Dagón y la colocaron al lado del ídolo de Dagón. Pero cuando los ciudadanos de Ashdod fueron a verlo a la mañana siguiente. ¡Dagón había caído con la cara al suelo frente al Arca del Señor! Entonces, tomaron a Dagón y lo pusieron en su lugar nuevamente. Pero a la mañana siguiente sucedió lo mismo: Dagón había caído boca abajo ante el Arca del Señor nuevamente. Esta vez su cabeza y sus manos se habían roto y estaban acostadas en la puerta. Solo el tronco de su cuerpo quedó intacto."

— 1 SAMUEL 5:1-4

¿Qué había en el Arca que causó que ese ídolo cayera? El Arca del pacto (o el Arca de Dios) transportaba la presencia manifiesta de Dios. Llevaba la unción.

Pero nunca fue el deseo de Dios morar en vasijas hechas por manos humanas.

El apóstol Pablo escribió en 1 Corintios 6:19 "... no sabéis que vuestro cuerpo es el templo del Espíritu Santo que esta en vosotros, que tenéis de Dios..."

En el Pilar # 5, señale que incluso si el Espíritu Santo ya no está haciendo lo que hizo en el Libro de los Hechos, la fe por sí misma tiene la capacidad de sanarte. ¡Pero gracias a Dios el Espíritu Santo no ha abandonado la tierra!

El mismo Espíritu Santo que obró en los apóstoles y en la Iglesia en el Libro de los Hechos está disponible para todos los que creen y permanecen en él.

Así como el Espíritu Santo niveló sin esfuerzo al ídolo de los filisteos Dagón, el poder más fuerte que el diablo tiene a su disposición no puede estar en Su presencia.

Si has recibido el Espíritu Santo, has recibido una uncion del Santo. (1Juan) Eres ungido.

Di esto en voz alta: **Estoy ungido.**

Que era lo que había en el Arca de la Alianza que mora en ti, la misma unción tan potente en el apóstol Pablo que la ropa que tocaba su piel era más fuerte que cualquier enfermedad o dolencia o cualquier espíritu demoníaco. (Hechos 19:11).

Mi amigo, un creyente ungido, no tiene que llevar a alguien poseído por demonios a una habitación trasera y orar durante seis horas. El residuo de la unción en el algodón o lana o el material que tienes es más fuerte que el demonio más fuerte. ¡Más fuerte que la muerte más fuerte que la enfermedad, más fuerte que los espíritus demoníacos!

El salmista dijo en el Salmo 92: "Seré ungido con aceite fresco".

Mientras permanezcas en la presencia de Dios, el poder del Espíritu Santo en ti, y fluyendo a través de ti, destruye sin esfuerzo toda enfermedad y toda dolencia.

Ahora, junte los pilares 5 y 6: Tengo fe en la Palabra de Dios y soy ungido.

Ese es tu 'C4 y detonador' contra toda enfermedad y toda dolencia.

7: LA SANGRE DE JESÚS TIENE PODER

Y si uno prevalece contra él, dos lo resistirán; y una cuerda triple no se rompe rápidamente.

— ECLESIASTÉS 4:12

La Biblia dice en Eclesiastés 4:12 que un cordón triple no se rompe fácilmente.

Entonces, si tomas el poder inherente que lleva la fe, entrelazarlo con la unción del Espíritu Santo, y la sangre de Jesús rociada sobre nosotros (Hebreos 12:24) tienes un cordón triple que no se puede romper.

Isaías 53:1-5 dice: "¿Quién ha creído nuestro mensaje? ¿A quién ha revelado el Señor su poderoso brazo?

Mi siervo creció en la presencia del Señor como un tierno brote verde, como una raíz en tierra seca. No había nada hermoso o majestuoso en su apariencia, nada que nos atrajera a él. Fue despreciado y rechazado, un hombre de penas, familiarizado con el dolor más profundo.

Le dimos la espalda y miramos para otro lado. Lo despreciaban y no nos importaba. Sin embargo, eran nuestras debilidades las que él llevaba; fueron nuestras penas las que pesaban. ¡Y pensamos que sus problemas eran un castigo de Dios, un castigo por sus propios pecados!

Pero fue traspasado por nuestra rebelión, aplastado por nuestros pecados. Fue golpeado para que pudiéramos estar completos. Fue azotado para que pudiéramos ser sanados".

La Biblia Amplificada traduce la última frase de Isaías 53:5 de esta manera:"....y por sus llagas somos sanados".

Ahora mira 1 Pedro 2:24, "Quien él mismo cargo nuestros pecados en su propio cuerpo en el árbol, para que nosotros, estando muertos a los pecados, vivamos para justicia: por cuyas llagas fuisteis sanados",

En el Antiguo Testamento, Isaías anuncio de antemano lo que Cristo iba a hacer.

En el Nuevo Testamento, Pedro está mirando hacia atrás en lo que Jesús habia hecho.

Note lo que Pedro dijo: "Por cuyas llagas fuiste sanado". Él no dijo que serás sanado...

Algunas personas dicen: "Realmente necesito una sanida. Estoy creyendo que Dios me va a sanarme algún día..."

No, necesitas entender que Jesús ya hizo lo que había que hacer. Al igual que no le queda nada que Él haga para salvarte, Él ya ha tomado las llagas en su espalda para que seas sanado.

La sanidad física es parte de la obra redentora de Cristo. ¡Por sus llagas, estás sanado! (Isaías 53:5, Mateo 8:17)

Ahora, hay denominaciones y algunas iglesias que dicen: "Bueno, esos versículos no significan que estábamos espiritualmente enfermos y por Sus llagas fuimos sanados de nuestra enfermedad espiritual, nuestro pecado."

¡Pero eso está mal!

Jesús no fue azotado después de la cruz. Fue azotado antes de la cruz. Si Sus llagas compraron nuestra libertad del pecado, entonces no había razón para el ir a la cruz.

Fue golpeado para que pudiéramos tener paz. Nuestro castigo fue puesto sobre él y por sus llagas fuimos sanados de nuestras enfermedades físicas y dolencias.

Mateo dijo: En Mateo 8:16-17, "él [Jesús] hizo esto [sanó a todos los enfermos que se le trajeron]. para que se cumpliera lo que habló el profeta Isaías, que por sus llagas fuimos sanados".

Si fui sanado, entonces soy sanado. Si fui sanado, soy sanado. ¿Por qué? Porque el ya lo hizo.

Ese es el poder sanador de la Sangre de Jesús.

Pero no se detiene ahí.

En el duodécimo capítulo de Éxodo, los israelitas son esclavos de los egipcios que han soportado nueve plagas, pero aún así se niegan a dejar ir al pueblo de Dios. Ahora el ángel de la muerte, el ángel más fuerte a disposición del diablo, recibe la orden de ir de puerta en puerta y matar al primogénito de cada hogar. No evitaste al ángel de la muerte esa noche porque eras hebreo. Evitaste al ángel de la muerte porque actuaste de acuerdo con la instrucción profética dada a Moisés de tomar un cordero sin mancha, sin manchas o arrugas, mátalo sin romper ninguno de sus huesos, drenar su sangre en un lavado, luego con ramas de hisopo aplica la sangre al poste de la puerta de tu casa. "Y cuando vea la sangre, pasaré por encima de ti."

Este es el origen de la Pascua Judía.

Cualquier libro de teología que leas, Bautista, Pentacostal, Presbiteriano, Católico, te dirá lo mismo: la sangre de ese cordero sin mancha o arruga es un tipo de (o presagio de) Cristo y Su sangre que evitó no un tipo de ángel de la muerte sino el ángel de la muerte real.

Entonces, tengo una pregunta para ti. Si la sangre que representaba la sangre de Jesús tenía poder para alejar la muerte, ¿cuánto más poder hay en la sangre real de Jesús que la Biblia dice en Hebreos que fue rociada sobre nosotros?

Sirve como un signo de neón rojo brillante para el diablo. No puedes tocarla. No puedes tocarlo. Él es redimido. Ella es redimida. Eres redimido de toda enfermedad, de toda dolencia, y de todo el poder del diablo.

¡Ese es el poder de la Sangre de Jesús!

8: ENTENDER EL PODER DE LA PALABRA DE DIOS

"Mi hijo presta atención a lo que digo. Escucha atentamente mis palabras. No las pierdas de vista. Deja que penetren profundamente en tu corazón, porque traen vida aquellos que los encuentran, y sanidad a todo su cuerpo."

— PROVERBIOS 4:20-22

La palabra de Dios no es un libro natural. La Palabra de Dios es un bálsamo sanador, el aliento sobrenatural de Dios. La Palabra es inspirada por Dios.

Cuando lees la Biblia no es como leer un libro normal.

Leer la Palabra de Dios infunde la vida de Dios en tu cuerpo y trae vida, sanidad radiante y, plenitud a todo tu ser.

Hay un predicador que conozco que tenía una masa, y crecia y se le desarrollo en el cuello, y los médicos planeaban operar. Entonces, un día, el predicador se enojó porque entendió de la Biblia lo que yo entiendo, que no debería tener que soportar esto.

Entonces, todos los días, leía Isaías 53, luego ponía su Biblia abierta sobre el tumor y decía "gracias Padre que tu palabra lleva poder sanador."

Dos semanas después, fue a la exploración previa a la cirugía para que los médicos supieran dónde cortar. Pero cuando examinaron el escaneo, descubrieron que el crecimiento se redujo en un 80% y el otro 20% estaba muriendo.

La Palabra de Dios trae salud radiante y sanidad al cuerpo de quien la atiende.

9: ENTENDER EL PODER EN EL NOMBRE DE JESÚS

> ..."llamarás su nombre Jesús, porque él salvará a su pueblo de sus pecados."
>
> — MATEO 1:21

Le fue dado a Jesús su nombre primero por el ángel que se le apareció a María.

Jesús también se ganó su nombre a través de la conquista.

Filipenses 2:7-11 dice: "En cambio, él [Jesús] renunció a sus privilegios divinos, tomó la humilde posición de esclavo y nació como un ser humano.

Cuando apareció en forma humana, se humilló en obediencia a Dios y murió como un criminal en una cruz.

Por lo tanto, Dios lo elevó al lugar de más alto honor y le dio el nombre por encima de todos los nombres, en el nombre de Jesús toda rodilla debe inclinarse, en el cielo y en la tierra y debajo de la tierra, y cada lengua declara que Jesucristo es el Señor, la gloria de Dios el Padre."

Debido a que Jesús dejó las Alturas del Cielo y murió una muerte criminal en la cruz, Dios lo elevó a nuevas alturas en el Cielo y le dio un nombre por encima de cada nombre, de modo que en la sola mención del nombre de Jesús, todo lo que está sobre la tierra, en la tierra y debajo de la tierra tiene que inclinarse ante la mención de ese nombre.

Esta fue la recompensa de Jesús por ser obediente a la muerte en la cruz. Su nombre lleva el poder de someter a todo otro poder, sin importar dónde resida.

Sí, pero ¿no significan esos versículos que la gente se inclinará en el día del juicio? Decir que toda enfermedad y dolencia debe inclinarse ante la mención del nombre de Jesús es llevarlo un poco demasiado lejos, ¿verdad?

Pedro no lo penso asi.

En el tercer capítulo de Hechos, después de que Pedro sanó al hombre lisiado, Pedro aprovechó la oportunidad para dirigirse a los espectadores Dijo: "Pueblo de Israel, ¿qué hay de sorprendente en esto? ¿Y por qué senos quedan viendo como si nosotros hubiésemos hecho caminar a este hombre por nuestro propio poder o piedad? Porque es el Dios de Abraham, Isaac, y Jacob—el Dios de todos nuestros antepasados--- quien ha traido gloria a su siervo Jesús al hacer esto. Este es el mismo Jesús a quien entregaste y rechazaste ante Pilato, a pesar de la decisión de Pilato de liberarlo. Rechazaste a este santo y justo en su lugar exigiste la liberación de un asesino. Mataste al autor de la vida, pero Dios lo resucitó de entre los muertos. ¡Y somos testigos de este hecho!

"A través de la fe en el nombre de Jesús, este hombre fue sanado—y sabes lo lisiado que estaba antes. La fe en el nombre de Jesús lo ha sanado ante tus propios ojos.

El nombre de Jesús está lleno de maravillas, el nombre de Jesús tiene poder. Es por eso que, en la televisión secular, a los productores y similares no les importa si dices Dios. Dios es genético. Dios significa un millón de cosas para un millón de personas. Pero cuando dices el nombre de Jesús, no permitirán que ese nombre se hable en la televisión secular. ¡Lleva poder!

Cuando hablas el nombre de Jesús, cuando la gente lo escucha, es como si un globo apareciera sobre sus cabezas, revelando signos y maravillas innegables "ante sus propios ojos".

¡Entiende el poder que hay en el nombre de Jesús!

10: EL PACTO DE DIOS INCLUYE LA FUERZA SOBRENATURAL EN LA VEJEZ

Pero me has hecho tan fuerte como un buey salvaje.
Me has ungido con el mejor aceite.

— SALMOS 92:10

La fuerza y la unción van de la mano en la Biblia al igual que ves que el pecado, la enfermedad, dolencia, muerte, y los demonios van juntos.

Versos 12-14 "pero los piadosos florecerán como palmeras y crecerán fuertes como los cedros del Líbano. Porque son trasplantados a la propia casa del Señor. Florecen en las cortes de nuestro Dios. Incluso en la vejez todavía producirán frutos; siguen siendo vitales y verdes."

El pacto de Dios incluye la fuerza sobrenatural en la vejez. "Incluso en la vejez, seguirán siendo vitales y verdes y producirán mucho fruto.

Pero, el mundo te prepara para estar enfermo en la vejez. '¿Eres un hombre mayor de cincuenta años? ¿Eres una mujer mayor de sesenta años? Los anuncios y comerciales de televisión te enseñan a esperar la enfermedad y la dolencias. Incluso desde los púlpitos, la gente bromea: 'Bueno, ya sabes, cuando era joven, solía pensar que podía hacer cualquier cosa. Ahora empiezas a cumplir cincuenta y cinco años o sesenta... hombre ese piso se aleja cada año más abajo."

Si te identificas como un ser humano en este mundo, tendrás lo que los seres humanos en este mundo tienen.

Pero, si te identificas usando la forma en que la Biblia te anima a identificarte, como un hijo de Dios, una hija de Dios, con acceso a lo que Él te ha dado, la Biblia dice "él nos ha dado grandes y preciosas promesas... que te permiten compartir su naturaleza divina y escapar la corrupción del mundo causada por los deseos humanos." (2 Pedro 1:4)

Dios nos ha dado poder a través de sus grandes y preciosas promesas de elevarnos por encima de lo que el mundo nos dice que esperemos de la vejez. "Incluso en la vejez, producirán frutos."

El plan de Dios no es que te sientes en la esquina de una habitación con alguien alimentándote con pudín de vainilla, tu mente nublada. Eso no es escritural. Abraham era inusualmente fuerte en la vejez. Elías superó el carro del rey Acab como un anciano porque la mano del Señor estaba sobre él. (1 Reyes 18:46)

El pacto de Dios contigo no solo incluye la sanidad.

El pacto de Dios contigo no solo incluye fortaleza.

El pacto de Dios contigo incluye la fuerza sobrenatural. Incluso la vejez, como son mis días, también lo será mi fuerza.

"Y Moisés, aunque tenía ciento veinte años, sus ojos no estaban oscuros y su fuerza no disminuyó". (Deuteronomio 34:7) Esta es la herencia de todos los que sirvieron al Señor.

11: COMPRENDER EL MISTERIO DE UNA NACIÓN SALUDABLE

Él los trajo también con plata y gloria y no había una sola persona débil entre sus tribus.

— SALMOS 105:37

Más de 3 millones de hombres, mujeres y niños, ancianos, ancianas, y no había ni un solo débil o un enfermo entre sus tribus. Su ropa no se desgastaba. Sus pies nunca se ampollaron ni se hincharon. Dios incluso evitó que sus ropas se lavaran y sus cuerpos tuvieran problemas naturales.

Pero este era el Antiguo Pacto.

Hebreos 8:6 dice: "...porque él [Jesús] es el mediador de nosotros, un pacto mucho mejor con Dios, basado en mejores promesas."

Tienes un pacto aún mejor basado en mejores promesas que las que tenían en el Antiguo Testamento.

Di esto en voz alta. **Tengo un mejor pacto basado en mejores promesas.**

Entonces, ¿cuánto más puedo esperar recibir hoy de la mano de Dios?

12: ENTENDER EL ÁRBOL SANO QUE ES JESÚS

"...te cortaron de lo que es por naturaleza un olivo silvestre, y contra la naturaleza te injectaron en un olivo cultivado..."

— ROMANO 11:24

Fuiste una rama enferma en el pecado. Pero Dios te ha injertado en el árbol sano que es Jesús. Cuando una rama enferma se injerta en un árbol sano, el enfermo no abruma al árbol. En cambio, la salud del árbol fluye hacia la rama y abruma la enfermedad.

La salud de Jesús está fluyendo hacia ti.

Véase a sí mismos de esa manera. Véanse a sí mismos como una rama que ahora está conectada a Cristo. Lo que está en Él está fluyendo hacia usted expulsando la enfermedad y la dolencia en el nombre de Jesús.

Permítanme decirlo de nuevo. Lo que fluye a través de Él, fluye dentro de ti. Como Él es, así eres en este mundo.

13: COMPRENDER EL MISTERIO DE LA SERPIENTE EN EL DESIERTO

Entonces el pueblo de Israel partió del Monte Hor, tomando el camino hacia el Mar Rojo para rodear la tierra de Edom. Pero la gente se impacientó con el largo viaje, y comenzaron a hablar en contra de Dios y Moisés. "¿Porqué nos has sacado fuera de Egipto para morir aquí en el desierto?" se quejaron. "Aquí no hay nada que comer ni nada que beber. ¡Y odiamos el horrible maná!"
Entonces, el Señor envió serpientes venenosas entre la gente, y muchos fueron mordidos y murieron. Entonces el pueblo se acercó a Moisés y clamó: "Hemos pecado al hablar contra el Señor y contra ti. Ora para que el Señor se lleve a las serpientes. Así que Moisés oró por el pueblo.

— NUMEROS 21:4-6

... y Dios acaba de contestar su oración, ¿verdad? No, esta fue la respuesta de Dios.

Versos 8-9: "Entonces el Señor le dijo [Moisés]: "Haz una réplica de una serpiente venenosa y únela a un poste. ¡Todos los que son mordidos vivirán si simplemente la miran!" Así que Moisés hizo una serpiente de bronce y la ató a un poste. ¡Entonces cualquiera que fuera mordido por una serpiente podría mirar a la serpiente de bronce y ser sanado!"

Entonces, ¿qué empujó a esta tribu sobrenaturalmente sana de personas a la enfermedad, la dolencia y la muerte? Quejarse y volverse contra Dios. "Hemos pecado al hablar contra el Señor y contra ti". Su pecado abrió la puerta para este ataque.

Aquí está lo que Jesús tenia que decir acerca de la serpiente de bronce. Juan 3:14-15: "Y así como Moisés levantó la serpiente de bronce en un poste en el desierto, así el Hijo del Hombre debe ser levantado, para que todo el que cree en él tenga vida eterna."

Jesús, como la serpiente de bronce en el poste, representa la sanidad y liberación.

¿Les dijo Dios a los israelitas: "Te perdono por pecar, pero todavía vas a morir de la mordedura de la serpiente?"

No. Los israelitas que miraron a la serpiente de bronce recibieron sanidad de la enfermedad y la dolencia traída por la serpiente que entró por la puerta del pecado. Aquellos que siguieron la instrucción profética recibieron el perdón del pecado espiritual (quejándose y volviéndose contra Dios) y la sanidad de lo que estaba atacando el cuerpo.

"Así que yo, el hijo del hombre, debo ser levantado."

Simplemente mira y vive. Cree que Jesús se convirtió en enfermedad y en dolencia en la cruz por ti y vivirás. Así de fácil.

"Porque Dios hizo a Cristo que nunca pecó, para ser la ofrenda por nuestro pecado, para que pudiéramos ser hechos justos con Dios a través de Cristo." (2 Corintios 5:21

En griego koiné, el idioma original en el que se escribió el Libro de Corintios, el versículo en realidad dice "Dios hizo a Cristo que nunca pecó convertirse en pecado asi mismo."

El pecado que estaba sobre mí, fue puesto sobre Cristo.

Es por eso que Dios tuvo que apartar su rostro de Su Hijo colgado en la cruz en el Calvario.

Jesús tomó mi pecado, Jesús tomó mi enfermedad, como si fuera suya.

Di esto en voz alta: **El pecado, la enfermedad y la pobreza pasaron de mí al Calvario. La justicia, la sanidad y la prosperidad pasaron del Calvario a mí.**

Jesús tomó lo que estaba destinado a ser tuyo y mío para que podamos recibir lo que le pertenece a el: el poder y dominio sobre la enfermedad, la dolencia, y el diablo.

SEIS RAZONES BÍBLICAS POR LAS QUE SE PUEDE SANAR INMEDIATAMENTE

Lo que impide que muchas personas reciban sanidad es que piensan "en el tiempo de Dios", "cuando Él este listo."

Jesús ya está listo. Jesús siempre está dispuesto. Jesús ya pagó el precio por tu sanidad.

Aquí hay seis razones bíblicas por las que puedes esperar ser sanado inmediatamente, hoy.

1: ENTENDER INMEDIATAMENTE

La palabra se usa inmediatamente cincuenta y cinco veces en la Biblia, todas las cuales están en el Nuevo Testamento. La mayoría rodea el ministerio milagroso de sanidad y liberación de Jesús.

Nunca se le dijo a nadie en la Biblia que volviera mañana o 'No te estoy sanando hoy. "Inmediatamente sus ojos se abrieron. Inmediatamente el niño escuchó y habló.

Jesucristo no ha cambiado. Es el mismo ayer, hoy y siempre. Entienda de inmediato.

2: JESÚS SIENTE LO QUE TÚ SIENTES

Mateo 8:16-17 dice: "Cuando llegó la tarde, le trajeron [a Jesús] muchos que estaban poseídos de demonios; y echó fuera a los espíritus con su palabra, y sanó a todos los que estaban enfermos: para que se cumpliera lo que fue hablado por El profeta Esaías, diciendo: Él mismo tomó nuestras dolencias y cargo nuestras enfermedades."

Hebreos 4:15 continúa mostrando al Jesús resucitado, sentado junto al Padre, "viendo entonces que tenemos un gran sumo sacerdote, que ha pasado a los cielos, Jesús el Hijo de Dios, mantengamos firme nuestra profesión. Porque no tenemos un sumo sacerdote que no pueda ser tocado con el sentimiento de nuestras enfermedades; pero fue tentado en todos los puntos como nosotros, pero sin pecado.

Jesús se puso un cuerpo de carne, vivió en ese cuerpo humano. Él siente lo que tú sientes. Y Él asumió lo que sea que estés luchando. Lo llevó a la cruz con Él. Él entiende.

3: EL TIENE COMPASIÓN

Isaías 49:14: "Sin embargo, Jerusalén dice: "Jehová nos ha abandonado; el Señor nos ha olvidado."

¿Alguna vez te has sentido así? Cada vez que el diablo trata de atacar con la enfermedad y la dolecias, la duda de sí mismo sigue. Es el ataque de dos puntas de Satanás. Él no solo quiere que estés enfermo. quiere que pienses que hiciste algo para marcar a Dios, o que se ha olvidado de ti, o que está enojado contigo.

Aquí está la respuesta de Dios en los versículos 14-15: "¡Nunca! ¿Puede una madre olvidar a su hijo lactante? ¿No puede sentir amor por el hijo que ha tenido? Pero incluso si eso fuera posible, ¡no te olvidaría! Mira, he escrito tu nombre en las palmas de mis manos."

Jesús no solo siente lo que tú sientes. Él tiene compasión por lo que estás pasando entiende que Jesús te ama.

Mira la respuesta de Jesús a dos ciegos sentados a lo largo del camino en Mateo 20:29-33. "Cuando Jesús y los discípulos salieron de la ciudad de Jericó, una gran multitud lo siguió. Dos hombres ciegos estaban sentados al lado de la carretera. Cuando oyeron que Jesús venía por el camino, comenzaron a gritar: "¡Señor, Hijo de David, ten misericordia de nosotros!"

"¡Cállense!", les gritó la multitud.

Pero solo gritaron más fuerte: "Señor. ¡Hijo de David, ten piedad de nosotros!"

Cuando Jesús escuchó esto, se detuvo y los llamó: "¿Qué quieren que haga por ustedes?"

"¡Señor", dijeron, "¡queremos ver!" Jesús sintió lástima por ellos y tocó sus ojos. ¡Al instante pudieron ver! Luego lo siguieron.

Jesús tuvo compasión de ellos. Pero no fue una compasión vacía. Su compasión lo movió a la acción.

No tienes algún ídolo insensible, como el dagón el dios filisteo, al que sirves. Tienes un Redentor compasivo.

Entiende Su compasión. Estúdialo. Descúbrelo. Déjate consumir por ella.

4: LA SANIDAD ES EL PAN DE LOS NIÑOS

Es responsabilidad de Dios sanarte y Dios no es irresponsable en su responsabilidad.

1 Timoteo 5:8 dice: "si alguno no provee para los suyos, y especialmente para los de su propia casa, ha negado la fe, y es peor que un infiel."

Pero Dios es tres veces Santo. "Santo, santo, santo es el Señor Dios, el todopoderoso—el que siempre fue, que es y que está por venir". (Apocalipsis 4:8)

Dios no es un infiel. Él provee para Su familia, para sus hijos.

El pan de sus hijos es la sanida, su provisión diaria.

Di esto en voz alta: **La provisión diaria es mi pan.**

"Danos este día nuestro pan de cada día..." No tienes que preguntarte "¿Dios me sanará hoy?" Hay pan de cada día ya disponible para ti.

Esta es una de las cosas que me sanaron hace años cuando estaba luchando contra algo en mi cuerpo. Me preguntaba cuándo el Señor me iba a sanar. Entonces recibí esta revelación de que hay una provisión diaria de sanida. La sanidad es el pan de los niños.

Eche un vistazo a la mujer gentil en Mateo 15 que se acercó a Jesús acerca de su atormentada hija. Ahora, durante el ministerio terrenal de Jesús, Él fue llamado a ministrar al pueblo judío. " Una mujer gentil que vivía allí en [Galilea] vino a él [Jesús], suplicando: " ¡Ten misericordia de mí, oh Señor, Hijo de David! Porque mi hija está poseída por un demonio que la atormenta severamente".

Pero Jesús no le dio ninguna respuesta, ni siquiera una palabra. Entonces sus discípulos lo instaron a que la despidiera. "Dile que se vaya", dijeron. "Ella nos está molestando con toda su mendicidad."

Entonces Jesús le dijo a la mujer. "Fui enviado sólo para ayudar a las ovejas perdidas de Dios—el pueblo de Israel."

Pero ella vino y lo adoró, suplicando de nuevo: "¡Señor, ayúdame!"

Jesús respondió: "No es correcto tomar comida de los niños y arrojarla a los perros."

Ella respondió: "Eso es cierto, Señor, pero incluso a los perros se les permite comer los restos que caen debajo de la mesa de sus amos".

"Querida mujer", le dijo Jesús, "tu fe es grande. Tu solicitud es concedida. Y su hija securó al instante."

Incluso las migajas que caen de la mesa de los niños tienen la capacidad de expulsar toda enfermedad y dolencia.

Pero ahora estamos injertados en la Familia de Dios, y obtenemos algo más que migajas; podemos comer en la mesa del panadero, obtenemos el pan en sí.

5: LA ENFERMEDAD ES LA OPRESIÓN DEL DIABLO

1 Juan 3:8 dice: "Pero el Hijo de Dios vino a destruir las obras del diablo".

La enfermedad es del diablo. Por esta razón se manifestó el Hijo de Dios para que pudiera destruir las obras del diablo.

¿Fue capaz de lograrlo?

Isaías 54:14-15: "Y todos tus hijos serán enseñados por el Señor; y grande será la paz de tus hijos. En justicia serás establecido: estarás lejos de la opresión; porque no temerás: y de terror; porque no se acercará a ti."

Cuando Jesús dijo "consumado es", nuestra batalla contra la enfermedad y la dolencia había terminado. Él cumplió el trabajo.

Las enfermedades y la opresión son del diablo. Jesús vino a destruir la obra del diablo y cuando dijo que había terminado, la completó.

Isaías 54 dice "opresión, enfermedades"—según Hechos 10:38 la enfermedad es opresión—"estará lejos de ti."

La enfermedad no es una batalla continua.

6: DIOS QUIERE QUE ACTUEMOS Y PENSEMOS COMO ÉL

Proverbios 3:27-28: "No guardéis el bien de los que deberían tenerlo, cuando esté en tu poder hacerlo. No, le digas a tu vecino: "Ve y regresa mañana, y te lo daré", cuando lo tienes contigo. No planifiques que tu vecino sea lastimado, mientras él confía en ti lo suficiente como para vivir a tu lado."

La sexta razón por la que puedes esperar que Dios te sane hoy: cuando Dios nos enseña, o nos da instrucción, Él nos está dirigiendo a actuar como Él y pensar como Él.

Si está en tu poder ayudar a alguien, no le digas que regrese mañana. Ayúdalos ahora.

¿Está en el poder de Dios ayudarte hoy? ¿Es Dios un hipócrita? No, Él no lo es.

Entonces no te dirá que regreses mañana. Él te ayudará, y por "ayuda" quiero decir que te sanará hoy.

ACERCA DE JONATHAN SHUTTLESWORTH

Jonathan Shuttlesworth es evangelista y fundador de Reavivamiento Hoy, un ministerio dedicado alcanzar a las personas perdidas y lastimadas con El Evangelio de Jesucristo.

En cumplimiento de su llamado, el evangelista Shuttlesworth ha llevado a cabo reuniones y cruzadas al aire libre en toda América del Norte, India, el Caribe y África Central y del Sur. Cada día, miles de vidas se ven afectadas a nivel mundial a través de Reavivamiento Hoy Radiodifusión ubicada en Pittsburgh, Pensilvania.

Si bien los métodos pueden cambiar, el latido del corazón de Reavivamiento Hoy permanece para los perdidos, proporcionando enseñanzas bíblica sobre la fe, la sanidad, la prosperidad, la libertad del pecado y vivir una vida victoriosa.

Si necesita ayuda o le gustaría asociarse con Reavivamiento Hoy para ver esta generación transformada a través del Evangelio, haga clic en el siguiente enlace.

www.RevivalToday.com

facebook.com/revivaltoday
twitter.com/jdshuttlesworth
instagram.com/jdshuttlesworth
youtube.com/RevivalToday07

www.ingramcontent.com/pod-product-compliance
Lightning Source LLC
Chambersburg PA
CBHW070802050426
42452CB00012B/2456